# SIMA QIAN BIOGRAPHY

# 司马迁传

中国历史名人传记

QING QING JIANG

江清清

# PREFACE

I am excited to welcome you to the Chinese Biography series. In this series, we will discover lives of some of the most famous people from Chinese history. Each book will introduce a famous Chinese personality whose contributions were immense to shape China's future. The books in Biography series contain numerous lessons in Mandarin Chinese. We start with a brief introduction of the book in the preface (前言), a bit detailed introduction to the person, and continue to dig his life and relevant issues. Each book contains 6 to 10 chapters made of simple Chinese sentences. For the readers' convenience, a comprehensive vocabulary has been provided at the beginning of each chapter. The pinyin for the Chinese text is provided after the main text. Further, to enforce a deeper Chinese learning, the English interpretation of the Chinese text has been purposely excluded from the books. This would help the readers think deeply about the contents the way native Chinese do! In order to help the students of Mandarin Chinese remember important characters, words, long words, idioms, etc., these entities have been purposely repeated throughout the book, and across the books in the series. Taken together, the books in Biography series will tremendously help readers improve their Chinese reading skills.

If you have any questions, suggestions, and feedbacks, feel free to let me know in the review or comments.

You can find more about China and Chinese culture on my blog and Amazon homepage.

I blog at:

**www.QuoraChinese.com**

-Qing Qing

江清清

©2022 Qing Qing Jiang

All rights reserved.

# MOST FAMOUS & TOP INFLUENTIAL PEOPLE IN CHINESE HISTORY

## SELF-LEARN READING MANDARIN CHINESE, VOCABULARY, EASY SENTENCES, HSK ALL LEVELS

**(PINYIN, SIMPLIFIED CHARACTERS)**

# ACKNOWLEDGMENTS

I am a blogger. It has been a long and interesting journey since I started blogging quite a few years ago.

The blogging passion enabled me to write useful contents. In particular, I have been writing about China, and its culture.

My passion in writing was supported by my friends, colleagues, and most importantly, the almighty.

I thank everyone for constantly inspiring me in my life endeavours.

## CONTENTS

PREFACE ................................................................................. 2
ACKNOWLEDGMENTS ........................................................ 4
CONTENTS ............................................................................. 5
LIFE (人物生平) .................................................................... 7
EARLY EXPERIENCES (早期经历) ..................................... 12
AN UPRIGHT OFFICIAL (为官清廉) .................................. 23
CASTRATION (遭受宫刑) .................................................... 28
ABOUT HISTORICAL RECORDS (有关《史记》) ............ 40

# 前言

　　很多人知道司马迁，大多是因为他的《史记》吧，司马迁的《史记》可谓是前无古人后无来者，被鲁迅先生称为"史家之绝唱，无韵之离骚"。几千年来，可是说是无出其右。但是你知道，司马迁是在怎样的一种环境下写的《史记》吗，你们可能永远也想象不到，司马迁为了写这《史记》，付出了多大的代价，做出了多大的贡献。司马迁虽然生活在汉朝的前期，还是在汉武帝的统治期间。但是这汉武帝既认真负责，又固执己见，而司马迁又是一个很直率的人，有的时候说的话做的事难免让汉武帝不悦，因此遭到了宫刑。这对于常人来说是多大的耻辱与打击啊，但是司马迁并没有因此沉沦，而是化悲痛为力量，完成了巨著《史记》，这便是司马迁的伟大之处，接下来让我们一起走进司马迁。

　　Hěnduō rén zhīdào sīmǎqiān, dàduō shì yīnwèi tā de "shǐjì" ba, sīmǎqiān de "shǐjì" kěwèi shì qiánwúgǔrén hòu wú lái zhě, bèi lǔxùn xiānshēng chēng wèi "shǐjiā zhī juéchàng, wú yùn zhī lísāo". Jǐ qiān nián lái, kěshì shuō shì wú chū qí yòu. Dànshì nǐ zhīdào, sīmǎqiān shì zài zěnyàng de yī zhǒng huánjìng xià xiě de "shǐjì" ma, nǐmen kěnéng yǒngyuǎn yě xiǎngxiàng bù dào, sīmǎqiān wèile xiě zhè "shǐjì", fùchūle duōdà de dàijià, zuò chūle duōdà de gòngxiàn. Sīmǎqiān suīrán shēnghuó zài hàn cháo de qiánqí, háishì zài hàn wǔdì de tǒngzhì qíjiān. Dànshì zhè hàn wǔdì jì rènzhēn fùzé, yòu gùzhí yǐ jiàn, ér sīmǎqiān yòu shì yīgè hěn zhíshuài de rén, yǒu de shíhòu shuō dehuà zuò de shì nánmiǎn ràng hàn wǔdì bù yuè, yīncǐ zāo dàole gōngxíng. Zhè duìyú chángrén lái shuō shì duōdà de chǐrǔ yǔ dǎjí a, dànshì sīmǎqiān bìng méiyǒu yīncǐ chénlún, ér shì huà bēitòng wéi lìliàng, wánchéngle jùzhù "shǐjì", zhè biàn shì sīmǎqiān de wěidà zhī chù, jiē xiàlái ràng wǒmen yīqǐ zǒu jìn sīmǎqiān.

## LIFE (人物生平)

Sima Qian (司马迁) was a historian, writer, and thinker in the Western Han Dynasty (汉朝/西汉 202 BC- 8 AD).

He was born in Longmen (龙门), which was part of Xiayang in the Western Han Dynasty (西汉夏阳). The current location of Longmen is the modern Hancheng in Shaanxi Province (今陕西省韩城市). His exact date of birth and death remains debatable. However, it is generally agreed that he was born in either 145 BC or 135 BC, and died in either 87 BC or 90 BC.

Sima Qian was born in a well-off family. Sima Tan (司马谈, 169 BC-110 BC), Sima Qian's father, served as the Grand Scribe (太史令)--also known as Tai Shi (太史), the court historian (太史) of the Western Han Dynasty. Grand Scribe was the official position in ancient Chinese states, a position that continues until the Han Dynasty.

During the Western Zhou Dynasty (西周) and the Spring and Autumn Period (春秋时期), Tai Shi was in charge of drafting documents, recording historical events, compiling historical books, and also in charge of national classics, astronomical calendars, sacrifices, etc. Tai Shi was essentially a minister in the court. The Qin and Han Dynasties (秦汉时期) employed Tai Shi, however the position gradually vanished later.

The young Sima Qian learned to study under the guidance of his father. At the age of 10, he was able to read and recite the ancient texts, such as the Books of History《尚书》, and the Spring and Autumn Annals 《左传》. During the initial period of Emperor Wu's (汉武帝, 156 BC-

87 BC, reigned 141 BC-87 BC) reign in the Han Dynasty, Sima Tan worked in the capital Chang'an (长安), while Sima Qian stayed in his hometown Longmen and continued his work of farming, studying and herding.

After he grew a little older, Sima Qian left his hometown of Longmen and came to the capital, Chang'an, with his father. At that time, Sima Qian didn't have much practical knowledge of the world. So Sima Tan instructed Sima Qian to travel more, visit the rivers and mountains, to understand the nature, and collect the ancient wisdom. Sima Qian began to travel around at the age of 20. He enjoyed roaming around, and learning the local traditions and customs. He visited many cities across ancient China, including Qufu, the hometown of Confucius. He observed the culture of the region closely and got familiar with the legacy left by Confucius.

Because of his father Sima Tan was an official of the Han Court, after Sima Qian returned to the capital, he started working in the court.

When Sima Tan was dying, he said something like this to Sima Qian: "Our ancestors were the Tai Shi (太史, historian) of the Zhou Dynasty. As far back as the ancient Yu Shun (虞舜) and Xia Yu (夏禹) period, they had achieved great fame due to being in charge of the historical works. Later, they died, now I am dying. You don't want to die with me. If you continue to be Tai Shi, you will be able to continue the cause of our ancestors. For example, I always wanted to write the grant history, but I couldn't, and now I am dying. The death is certain! After I die, you should definitely become Tai Shi; when you are Tai Shi, don't forget the treatise I wanted to write all my life. Besides, filial piety starts with serving your parents, and then goes through serving the monarch, and finally you can gain a foothold in society, become famous in future generations. Now the glory of the Han Dynasty is rising, the country is unified, however, since I am dying, I can't record the wise deeds of the monarch and the loyal ministers. My death will interrupt the recording of the country's historical events, I feel very sad about this, you must keep it in your heart! Do complete the treatise. Do write the Historical Records!"

Sima Qian lowered his head and said with tears: "Although I am not very smart, I will certainly complete your plan of compiling history, and dare not make any omissions."

This was the main motivation Sima Qian later wrote "Records of the Grand Historian", also known as " Historical Records" 《史记》.

At the age of 28, Sima Qian became the Grand Scribe (Tai Shi), inheriting his father's work, and wrote history.

Because of his employment in Chang'an, and in the prosperous period of the Han Dynasty, Sima Qian was able to get acquainted with the talented people from different places who often gathered in Chang'an.

Later, Sima Qian was punished by the palace for defending Li Ling (李陵, ?-74 BC). This incident was very important in the life of Sima Qian. Li Ling was a native of Longxi Chengji (now Qin'anbei, Gansu) in the Western Han Dynasty. He was good in military skills, riding horses, and archery. He was responsible for defending the Han Empire against the invasion of the Xiongnu. In the year 99 BC, Li Ling went to the Hun region to fight with the Huns. Due to defeat in the battle, he had to surrender. Although Li Ling was very patriotic to the Han State, he was defeated by the Huns. Due to some conspiracy and miscommunication,

Emperor Wu believed on the rumors and thought that Li Ling surrendered on purpose and he was training the Huns to fight against the Han soldiers. Sima Qian was convinced of this false accusation against Li Ling. He tried to defend Li Ling. However, he bluntly offended Emperor Wu of the Han Dynasty. Emperor Wu became very angry and he killed Li Ling's family. [[*After Li Ling got to know all these, he decided to not return to the Han state, and stayed among the Huns. Later, the Han court realized the mistake, and sent envoys to invite Li Ling back. But he did not return. He lived in the Xiongnu for more than 20 years, and died there. After a long time, Emperor Wu repented that Li Ling was not rescued.*]]

Sima Qian was also punished by the palace for defending Li Ling's defeat and surrender. According to the law, Sima Qian should have been executed.

However, according to the old rules of the Han Dynasty, Sima Qian could be exempted from capital punishment in two cases: one was to redeem with a huge amount of money (500,000, 五十万钱), and the other was to be sentenced to castration (宫刑). Sima Qian was very poor and couldn't pay at all. However, Sima Qian was yet to fulfill the desire of his late father. The book was not yet completed. Sima Qian was not timid, but he was burdened with the wish of completing the book that his father could not fulfill in his entire life. Sima Qian didn't think about his death, but he thought of his father's earnest orders and that he still had a mission to complete, so there was only one choice: castration. So, Sima Qian was sentenced to castration!

The torture cut his penis and scrotum. This kind of torture had a long history in China, thankfully, it gradually disappeared until the end of the

Qing Dynasty. During the castration, the penis and scrotum were first tied with a rope to prevent the bleeding, and then a sharp blade and a knife were used to cut them off to prevent them from growing again in the future.

After Sima Qian was castrated by the palace, it caused a great damage and humiliation to him. However, he drew inspiration from the ancient literatures and poems, such as Qu Yuan's (屈原, 340 BC-278 BC) famous poem "Li Sao" (离骚). He finally decided to forbearance, to complete his own work.

Sima Qian kept working on his mission to fulfill his father's last wish. Eventually, he created China's first chronicle-style general history "Records of the Grand Historian"《史记》, formerly known as "Tai Shi Gong Shu"《太史公书》. The book records a history of more than 3,000 years from the time of the Yellow Emperor (黄帝) in ancient legends to the fourth year of Emperor Wu of the Han Dynasty.

His "Records of the Grand Historian" was China's first biographical history book, which had a profound impact on the development of historiography and literature in later generations.

## EARLY EXPERIENCES (早期经历)

| 1 | 司马迁 | Sīmǎqiān | Sima Qian, a pioneering historian; author of Shi Ji (Historical Records) |
|---|---|---|---|
| 2 | 生活条件 | Shēnghuó tiáojiàn | Living conditions |
| 3 | 史官 | Shǐguān | Official historian; historiographer |
| 4 | 也就是 | Yě jiùshì | Namely; i.e.; that is |
| 5 | 一部分 | Yībùfèn | A part; a portion |
| 6 | 官职 | Guānzhí | Government post; official position |
| 7 | 耳濡目染 | Ěrrú mùrǎn | Be influenced by one's surroundings; be imperceptibly influenced by what one sees and hears |
| 8 | 小便 | Xiǎobiàn | Urinate; pass water; pee; empty one's bladder |
| 9 | 感兴趣 | Gǎn xìngqù | Be interested in |
| 10 | 立志 | Lìzhì | Resolve; be determined |
| 11 | 父亲 | Fùqīn | Father |
| 12 | 严格 | Yángé | Strict; rigorous; rigid; stringent |
| 13 | 儿子 | Érzi | Son |
| 14 | 从小 | Cóngxiǎo | From childhood; since one was very young; as a child |
| 15 | 识字 | Shìzì | Learn to read; become literate |
| 16 | 史书 | Shǐshū | History; historical records |
| 17 | 好在 | Hǎo zài | Fortunately; luckily |
| 18 | 接受能力 | Jiēshòu nénglì | The ability of understanding |
| 19 | 年纪 | Niánjì | Age |

| 20 | 勤劳 | Qínláo | Diligent; industrious; hard working |
| 21 | 公务 | Gōngwù | Public affairs; official business |
| 22 | 农活 | Nónghuó | Farm work |
| 23 | 种庄稼 | Zhǒng zhuāngjià | Till the land; be a farmer; plant crops |
| 24 | 放牛 | Fàng niú | Herd/graze cattle |
| 25 | 放羊 | Fàngyáng | Herd sheep; let things drift |
| 26 | 艰苦朴素 | Jiānkǔ púsù | Be plain in one's style of living; hard working and plain-living |
| 27 | 性子 | Xìngzi | Temper; disposition; strength; potency |
| 28 | 有一次 | Yǒu yīcì | Once; on one occasion |
| 29 | 平时 | Píngshí | In normal times; at ordinary times; in peacetime |
| 30 | 繁忙 | Fánmáng | Busy |
| 31 | 教导 | Jiàodǎo | Instruct; teach; give guidance; enlighten |
| 32 | 吃饭 | Chīfàn | Eat; have a meal |
| 33 | 拿出 | Ná chū | Take out; produce |
| 34 | 没想到 | Méi xiǎngdào | Have not expected or thought of |
| 35 | 倒背如流 | Dàobèi rúliú | Can even recite something backwards fluently |
| 36 | 吃惊 | Chījīng | Be startled; be shocked; be amazed; be taken aback |
| 37 | 出去 | Chūqù | Go out; get out |
| 38 | 究竟 | Jiùjìng | Outcome; what actually happened |
| 39 | 背书 | Bèishū | Recite a lesson from memory; repeat a lesson; endorsement; endorse |
| 40 | 亲自 | Qīnzì | Personally; in person; oneself |

| 41 | 照常 | Zhàocháng | As usual |
|---|---|---|---|
| 42 | 在后面 | Zài hòumiàn | Rearward; behind; after; back |
| 43 | 水草 | Shuǐcǎo | Water and grass; water plants; aquatic plant |
| 44 | 丰沛 | Fēngpèi | Plentiful |
| 45 | 吃草 | Chī cǎo | Graze; browse |
| 46 | 安安静静 | Ān ānjìng jìng | Peaceful and serene |
| 47 | 自己的 | Zìjǐ de | Self |
| 48 | 掏出 | Tāo chū | Take out from a pocket, bag, etc. |
| 49 | 看到 | Kàn dào | See; catch sight of |
| 50 | 时候 | Shíhòu | Time |
| 51 | 明白 | Míngbái | Clear; obvious; plain |
| 52 | 原来 | Yuánlái | Original; former; in the first place |
| 53 | 就是这样 | Jiùshì zhèyàng | This Is It; It's Like That; That's it |
| 54 | 抓紧时间 | Zhuājǐn shíjiān | Catch occasion by the forelock; make the best use of one's time |
| 55 | 将来 | Jiānglái | Future |
| 56 | 必定 | Bìdìng | Be bound to; be sure to; certainly; undoubtedly |

## Chinese (中文)

司马迁出生在一个生活条件还算是不错的家庭中，他的父亲是一位史官，也就是负责记录历史这一部分的官职。在家庭的耳濡目染之中，司马迁从小便对历史非常感兴趣，立志长大后做一名历史学家。

父亲也对司马迁要求非常严格，作为他的儿子，从小就让他认书识字，几岁的时候就已经开始接触一些史书了，好在司马迁的接受能力也很快，小小年纪就能看的懂，甚至还能背出来。

而且司马迁还是一个非常勤奋和勤劳的人。由于父亲经常公务繁忙，家里只有母亲和他，所以司马迁也会帮家里干点农活。他经常帮家里种庄稼，放牛放羊，从小也养成了艰苦朴素的性子。

有一次父亲在家，想着平时公务繁忙，没时间教导司马迁。便趁吃饭之前，拿出了一本书想要利用这个机会多教教他，但没想到司马迁说，这本书他已经读过了，而且还能倒背如流。

父亲不信，便考了考他，没想到司马迁还真的能一字不落的背出来，这让他的父亲很是吃惊。因为平时司马迁也要出去放羊，他究竟是哪来的时间学习背书呢，父亲决定亲自去看一眼。

这一天，司马迁照常出去放羊，他的父亲便在后面偷偷的跟着。等到来到了水草丰沛的地方，司马迁把羊群赶去吃草，羊群安安静静地吃草，司马迁便从自己的怀里掏出一本书，开始读了起来。

看到这里的时候，他的父亲全明白了。原来司马迁就是这样抓紧时间学习的，将来必定是个可造之材。

## Pinyin (拼音)

Sīmǎqiān chūshēng zài yīgè shēnghuó tiáojiàn hái suànshì bùcuò de jiātíng zhōng, tā de fùqīn shì yī wèi shǐguān, yě jiùshì fùzé jìlù lìshǐ zhè yībùfèn de guānzhí. Zàijiātíng de ěrrúmùrǎn zhī zhōng, sīmǎqiān cóngxiǎo biàn duì lìshǐ fēicháng gǎn xìngqù, lìzhì zhǎng dà hòu zuò yī míng lìshǐ xué jiā.

Fùqīn yě duì sīmǎqiān yāoqiú fēicháng yángé, zuòwéi tā de érzi, cóngxiǎo jiù ràng tā rèn shū shí zì, jǐ suì de shíhòu jiù yǐjīng kāishǐ jiēchù yīxiē shǐshūle, hǎo zài sīmǎqiān de jiēshòu nénglì yě hěn kuài, xiǎo xiǎo niánjì jiù néng kàn de dǒng, shènzhì hái néng bèi chūlái.

Érqiě sīmǎqiān háishì yīgè fēicháng qínfèn hé qínláo de rén. Yóuyú fùqīn jīngcháng gōngwù fánmáng, jiālǐ zhǐyǒu mǔqīn hé tā, suǒyǐ sīmǎqiān yě huì bāng jiālǐ gàn diǎn nónghuó. Tā jīngcháng bāng jiālǐ zhǒng zhuāngjià, fàng niú fàngyáng, cóngxiǎo yě yǎng chéngle jiānkǔ púsù dì xìngzi.

Yǒu yīcì fùqīn zài jiā, xiǎngzhe píngshí gōngwù fánmáng, méi shíjiān jiàodǎo sīmǎqiān. Biàn chèn chīfàn zhīqián, ná chūle yī běn shū xiǎng yào lìyòng zhège jīhuì duō jiāo jiāo tā, dàn méi xiǎngdào sīmǎqiān shuō, zhè běn shū tā yǐjīng dúguòle, érqiě hái néng dàobèirúliú.

Fùqīn bùxìn, biàn kǎole kǎo tā, méi xiǎngdào sīmǎqiān hái zhēn de néng yī zì bù luò de bèi chūlái, zhè ràng tā de fùqīn hěn shì chījīng. Yīn wéi píngshí sīmǎqiān yě yào chūqù fàngyáng, tā jiùjìng shì nǎ lái de shíjiān xuéxí bèishū ne, fùqīn juédìng qīnzì qù kàn yīyǎn.

Zhè yītiān, sīmǎqiān zhàocháng chūqù fàngyáng, tā de fùqīn biàn zài hòumiàn tōutōu de gēnzhe. Děng dàolái dàole shuǐcǎo fēngpèi dì dìfāng, sīmǎqiān bǎ yáng qún gǎn qù chī cǎo, yáng qún ān ānjìng jìng de chī cǎo, sīmǎqiān biàn cóng zìjǐ de huái lǐ tāo chū yī běn shū, kāishǐ dúle qǐlái.

Kàn dào zhèlǐ de shíhòu, tā de fùqīn quán míngbáile. Yuánlái sīmǎqiān jiùshì zhèyàng zhuājǐn shíjiān xuéxí de, jiānglái bìdìng shìgè kě zào zhī cái.

# WANDERLUST (游历天下)

| 1 | 父亲 | Fùqīn | Father |
|---|---|---|---|
| 2 | 史官 | Shǐguān | Official historian; historiographer |
| 3 | 记录 | Jìlù | Take notes; keep the minutes; record; write down |
| 4 | 经常 | Jīngcháng | Often; everyday; daily; constantly |
| 5 | 全国各地 | Quánguó gèdì | All over the country; everywhere in the country |
| 6 | 当地 | Dāngdì | At the place in question; in the locality; local |
| 7 | 风俗习惯 | Fēngsú xíguàn | Social customs and habits |
| 8 | 民间故事 | Mínjiān gùshì | Folktale; folk story |
| 9 | 下来 | Xiàlái | Come down; come from a higher place |
| 10 | 跟随 | Gēnsuí | Follow; go after |
| 11 | 来到 | Lái dào | Arrive; come |
| 12 | 长安 | Cháng'ān | Capital of China in the Han/Tang dynasties |
| 13 | 从小 | Cóngxiǎo | From childhood; since one was very young; as a child |
| 14 | 阅读 | Yuèdú | Read |
| 15 | 书籍 | Shūjí | Books; works; literature |
| 16 | 写作 | Xiězuò | Writing; pen and ink; penmanship |
| 17 | 收集 | Shōují | Collect; gather |
| 18 | 史料 | Shǐliào | Historical data; historical materials |

| 19 | 二十 | Èrshí | Twenty |
|---|---|---|---|
| 20 | 游历 | Yóulì | Travel for pleasure; travel; tour |
| 21 | 各地 | Gèdì | Various places/localities |
| 22 | 考验 | Kǎoyàn | Test; trial; ordeal |
| 23 | 出去 | Chūqù | Go out; get out |
| 24 | 见识 | Jiànshì | Widen one's knowledge; enrich one's experience |
| 25 | 在这之前 | Zài zhè zhīqián | Before then; prior to; top |
| 26 | 中学 | Zhōngxué | Middle school; Chinese learning |
| 27 | 这次 | Zhè cì | This time; present; current |
| 28 | 描述 | Miáoshù | Describe; represent |
| 29 | 场景 | Chǎngjǐng | Scene; spectacle |
| 30 | 高祖 | Gāozǔ | Great-great-grandfather |
| 31 | 起义 | Qǐyì | Uprising; insurrection; revolt; stage an uprising |
| 32 | 山东 | Shāndōng | Shandong |
| 33 | 讲学 | Jiǎngxué | Give lectures; discourse on an academic subject |
| 34 | 家门 | Jiāmén | Door of a house; family clan; the family of a high-ranking official |
| 35 | 黄河 | Huánghé | The Huanghe River; the Yellow River |
| 36 | 不用担心 | Bùyòng dānxīn | Never mind; Don't worry; Don't worry about it |
| 37 | 水患 | Shuǐhuàn | Flood; inundation |
| 38 | 学到 | Xué dào | In acquiring |
| 39 | 真实地 | Zhēnshí dì | Truly |
| 40 | 眼前 | Yǎnqián | Before one's eyes; at the moment; at present; now |

| 41 | 质的飞跃 | Zhì de fēiyuè | Qualitative leap |
| 42 | 俗话 | Súhuà | Common saying; popular saying; proverb; adage |
| 43 | 实践出真知 | Shíjiàn chū zhēnzhī | Experience is the mother of wisdom; genuine knowledge comes from practice |
| 44 | 更好地 | Gèng hǎo de | Better; preferably; even better |
| 45 | 积累 | Jīlěi | Accumulation; accumulate; build-up |
| 46 | 经验 | Jīngyàn | Experience; go through |
| 47 | 了解到 | Liǎojiě dào | Find out |
| 48 | 历史 | Lìshǐ | History; past records |
| 49 | 之后 | Zhīhòu | Later; after; afterwards |
| 50 | 养料 | Yǎngliào | Aliment; nutriment; nourishment; pabulum |
| 51 | 以后 | Yǐhòu | After; later on; afterwards; later |
| 52 | 皇帝 | Huángdì | Emperor |
| 53 | 侍从 | Shìcóng | Attendants; retinue |
| 54 | 跟着 | Gēnzhe | Follow; in the wake of |
| 55 | 很多 | Hěnduō | A lot of; a great many of; a good many of |
| 56 | 地方 | Dìfāng | Place; space; room; locality; local |
| 57 | 极大 | Jí dà | Maximum |
| 58 | 开阔 | Kāikuò | Open; wide; tolerant; generous with thoughts |
| 59 | 眼界 | Yǎnjiè | Field of vision; outlook |
| 60 | 去世 | Qùshì | Die; pass away |
| 61 | 继承 | Jìchéng | Inherit; succeed; carry on; carry |

| | | | forward |
|---|---|---|---|
| 62 | 职位 | Zhíwèi | Position; post |

# Chinese (中文)

因为司马迁的父亲是个史官，负责记录历史，所以他经常要去全国各地，了解当地的风俗习惯和民间故事，并且记录下来。

大约在司马迁十岁的时候，就跟随父亲来到长安，从小也阅读了很多的书籍，这也为之后的写作打好了基础。

为了收集史料，司马迁从二十岁开始，就开始游历各地了。这也是他的父亲对他的考验，想让他出去见识见识。

在这之前，司马迁都是从书中学到的知识，书中说什么就是什么。这次出去游历，他亲自见识到了书中描述的那些场景。

司马迁去了沛县，汉高祖起义的地方，听当地老百姓讲述了当年的情景。他还去了山东曲阜，那是孔子讲学传道受业的地方。他还去了大禹三过家门而不入的地方，看到现在的黄河水已经控制住了，人们再也不用担心水患……

通过这种游历，司马迁学到的知识可远比书中的多的多，之前在书上看到的知识，是平面的，如今真实地立体地出现在他眼前，这是一次质的飞跃。俗话说得好，实践出真知，只有自己真正去做过了，才能更好地理解。

这次游历也让司马迁积累了很多的经验和知识，了解到了很多历史，这也为他之后的写作提供了养料。

在这以后，司马迁还做了皇帝的侍从，跟着皇帝也去了很多的地方，这也极大的开阔了司马迁的眼界。

在司马迁的父亲去世后，司马迁便继承了父亲的职位。

## Pinyin (拼音)

Yīnwèi sīmǎqiān de fùqīn shìgè shǐguān, fùzé jìlù lìshǐ, suǒyǐ tā jīngcháng yào qù quánguó gèdì, liǎojiě dāngdì de fēngsú xíguàn hé mínjiān gùshì, bìngqiě jìlù xiàlái.

Dàyuē zài sīmǎqiān shí suì de shíhòu, jiù gēnsuí fùqīn lái dào cháng'ān, cóngxiǎo yě yuèdúle hěnduō de shūjí, zhè yě wéi zhīhòu de xiězuò dǎ hǎole jīchǔ.

Wèile shōují shǐliào, sīmǎqiān cóng èrshí suì kāishǐ, jiù kāishǐ yóulì gèdìle. Zhè yěshì tā de fùqīn duì tā de kǎoyàn, xiǎng ràng tā chūqù jiànshì jiànshì.

Zài zhè zhīqián, sīmǎqiān dū shìcóng shū zhōngxué dào de zhīshì, shū zhōng shuō shénme jiùshì shénme. Zhè cì chūqù yóulì, tā qīnzì jiànshì dàole shū zhōng miáoshù dì nàxiē chǎngjǐng.

Sīmǎqiān qùle pèi xiàn, hàn gāozǔ qǐyì dì dìfāng, tīng dāngdì lǎobǎixìng jiǎng shù liǎo dàng nián de qíngjǐng. Tā hái qùle shāndōng qūfù, nà shì kǒngzǐ jiǎngxué chuándào shòuyè dì dìfāng. Tā hái qùle dà yǔ sānguò jiāmén ér bù rù dì dìfāng, kàn dào xiànzài de huánghé shuǐ yǐjīng kòngzhì zhùle, rénmen zài yě bùyòng dānxīn shuǐhuàn......

Tōngguò zhè zhǒng yóulì, sīmǎqiān xué dào de zhīshì kě yuǎn bǐ shū zhōng de duō de duō, zhīqián zài shū shàng kàn dào de zhīshì, shì píngmiàn de, rújīn zhēnshí dì lìtǐ dì chūxiàn zài tā yǎnqián, zhè shì yīcì zhì de fēiyuè. Súhuà shuō dé hǎo, shíjiàn chū zhēnzhī, zhǐyǒu zìjǐ zhēnzhèng qù zuòguòle, cáinéng gèng hǎo dì lǐjiě.

Zhè cì yóulì yě ràng sīmǎqiān jīlěile hěnduō de jīngyàn hé zhīshì, liǎojiě dàole hěnduō lìshǐ, zhè yě wèi tā zhīhòu de xiězuò tígōngle yǎngliào.

Zài zhè yǐhòu, sīmǎqiān hái zuòle huángdì de shì cóng, gēnzhe huángdì yě qùle hěnduō dì dìfāng, zhè yě jí dà de kāikuòle sīmǎqiān de yǎnjiè.

Zài sīmǎqiān de fùqīn qùshì hòu, sīmǎqiān biàn jìchéngle fùqīn de zhíwèi.

# AN UPRIGHT OFFICIAL (为官清廉)

| 1 | 继承 | Jìchéng | Inherit; succeed; carry on; carry forward |
|---|---|---|---|
| 2 | 父亲 | Fùqīn | Father |
| 3 | 史官 | Shǐguān | Official historian; historiographer |
| 4 | 职位 | Zhíwèi | Position; post |
| 5 | 接下来 | Jiē xiàlái | Then; accept; take |
| 6 | 再来 | Zàilái | Come again; encore; request/order a repetition |
| 7 | 清廉 | Qīnglián | Honest and upright; free from corruption |
| 8 | 故事 | Gùshì | Story; tale; plot; old practice; routine |
| 9 | 有一次 | Yǒu yīcì | Once; on one occasion |
| 10 | 将军 | Jiāngjūn | General; admiral |
| 11 | 晶莹剔透 | Jīngyíng tītòu | Sparkling and crystal-clear; glittering and translucent |
| 12 | 立刻 | Lìkè | Immediately; at once; right away; in the turn of a hand |
| 13 | 反复 | Fǎnfù | Repeatedly; again and again; time and again; over and over again |
| 14 | 把玩 | Bǎwán | Play with; fondle |
| 15 | 简直 | Jiǎnzhí | Simply; at all; virtually |
| 16 | 爱不释手 | Àibù shìshǒu | Like something so much that one cannot bear to part with it |
| 17 | 气愤 | Qìfèn | Indignant; furious; angry; with anger |
| 18 | 收下 | Shōu xià | Accept; receive |
| 19 | 反驳 | Fǎnbó | Refute; confute; retort; rebut |

| 20 | 官场 | Guān chǎng | Officialdom; official circles |
| 21 | 送礼 | Sònglǐ | Give somebody a present; present a gift to somebody; send gifts |
| 22 | 反正 | Fǎnzhèng | Come over from the enemy's side; anyway; anyhow; all the same; in any case |
| 23 | 不止 | Bùzhǐ | More than; exceed; not limited to |
| 24 | 一个人 | Yīgè rén | One |
| 25 | 无所谓 | Wúsuǒwèi | Cannot be designated as |
| 26 | 顿时 | Dùnshí | Immediately; suddenly; at once; forthwith |
| 27 | 惹恼 | Rěnǎo | Make somebody angry; offend |
| 28 | 生气 | Shēngqì | Take offence; get angry |
| 29 | 两袖清风 | Liǎngxiù qīngfēng | The sleeves swaying with every soft breeze; be a poor man; an honest official remains poor all the time |
| 30 | 小人 | Xiǎo rén | A base person; villain; vile character |
| 31 | 所作所为 | Suǒzuò suǒ wéi | The doings; all one's actions; what one does |
| 32 | 着实 | Zhuóshí | Really; indeed |
| 33 | 平日 | Píngrì | Ordinary days |
| 34 | 这时候 | Zhè shíhòu | This time; at this point; At that moment |
| 35 | 今日 | Jīnrì | Today |
| 36 | 只是 | Zhǐshì | Merely; only; just |
| 37 | 为了 | Wèile | For; for the sake of; in order to |
| 38 | 考验 | Kǎoyàn | Test; trial; ordeal |

| 39 | 一下 | Yīxià | One time; once |
|---|---|---|---|
| 40 | 夫人 | Fūrén | Lady; Madame; madam; concubines of an emperor |
| 41 | 当真 | Dàngzhēn | Take seriously |
| 42 | 回去 | Huíqù | Return; go back; be back; back |
| 43 | 事情 | Shìqíng | Affair; matter; thing; business |
| 44 | 看出 | Kàn chū | Make out; perceive; find out; be aware of |
| 45 | 廉洁 | Liánjié | Honest; with clean hands |
| 46 | 而且 | Érqiě | Not only ... but; and that; and |
| 47 | 不仅 | Bùjǐn | Not the only one |
| 48 | 严于律己 | Yán yú lǜjǐ | Be strict with oneself; exercise strict self-discipline |
| 49 | 影响 | Yǐngxiǎng | Influence; affect; effect |
| 50 | 身边 | Shēnbiān | At one's side |
| 51 | 试问 | Shìwèn | We should like to ask; it may well be asked; may we ask |
| 52 | 宫刑 | Gōngxíng | Castration |
| 53 | 出钱 | Chū qián | Payout |
| 54 | 赎罪 | Shúzuì | Atone for one's crime |
| 55 | 没有什么 | Méiyǒu shé me | Nothing the matter; nothing wrong |
| 56 | 积蓄 | Jīxù | Put aside; save; accumulate |
| 57 | 在工作 | Zài gōngzuò | At work |

## Chinese (中文)

前文讲到司马迁继承了父亲史官的职位，接下来我们便再来讲一讲司马迁为官清廉的故事。

有一次，将军李广派人送来一块晶莹剔透的玉。司马迁看到后，立刻接下了这块玉，反复把玩，简直是爱不释手。

他的妻子看到了，有点气愤的和司马迁说，"难不成你是想收下这块玉？"司马迁反驳道，如今官场送礼已是常见之事，今日就算我收下这块玉又如何？反正又不止我一个人这么做，多我一个人也无所谓。

这些话顿时惹恼了他的妻子，地生气的说道："为官应该清正廉洁，两袖清风，受人之礼乃是小人，这还是你跟我说的话。今日你的所作所为，着实让我很难理解，平日里你不是这样的。"

这时候司马迁笑道："我今日的所作所为，只是为了考验一下你，夫人莫要当真，你说的都对。"

说完，便把送来的玉退回去了。从这件事情我们可以看出司马迁的廉洁，而且他不仅严于律己，还影响着他身边的人。

试问为官能做到像司马迁这样的能有几人。所以在后来遭遇宫刑的时候，司马迁也拿不出钱来赎罪，就是因为平日里太廉洁了，根本就没有什么积蓄，就算是有，也用在工作上了，过着非常朴素的生活。

## Pinyin (拼音)

Qiángwén jiǎng dào sīmǎqiān jìchéngle fùqīn shǐguān de zhíwèi, jiē xiàlái wǒmen biàn zàilái jiǎng yī jiǎng sīmǎqiān wèi guān qīnglián de gùshì.

Yǒu yīcì, jiāngjūn lǐ guǎng pài rén sòng lái yīkuài jīngyíng tītòu de yù. Sīmǎqiān kàn dào hòu, lìkè jiē xiàle zhè kuài yù, fǎnfù bǎwán, jiǎnzhí shì àibùshìshǒu.

Tā de qīzi kàn dàole, yǒudiǎn qìfèn de hé sīmǎqiān shuō,"nàn bùchéng nǐ shì xiǎng shōu xià zhè kuài yù?" Sīmǎqiān fǎnbó dào, rújīn guānchǎng sònglǐ yǐ shì chángjiàn zhī shì, jīnrì jiùsuàn wǒ shōu xià zhè kuài yù yòu rúhé? Fǎnzhèng yòu bùzhǐ wǒ yīgè rén zhème zuò, duō wǒ yīgè rén yě wúsuǒwèi.

Zhèxiē huà dùnshí rěnǎole tā de qīzi, dì shēngqì de shuōdao:"Wèi guān yīnggāi qīngzhèng liánjié, liǎngxiùqīngfēng, shòu rén zhī lǐnǎi shì xiǎo rén, zhè háishì nǐ gēn wǒ shuō dehuà. Jīnrì nǐ de suǒzuò suǒ wéi, zhuóshí ràng wǒ hěn nán lǐjiě, píngrì lǐ nǐ bùshì zhèyàng de."

Zhè shíhòu sīmǎqiān xiào dào:"Wǒ jīnrì de suǒzuò suǒ wéi, zhǐshì wèile kǎoyàn yīxià nǐ, fūrén mò yào dàngzhēn, nǐ shuō de dōu duì."

Shuō wán, biàn bǎ sòng lái de yù tuì huíqùle. Cóng zhè jiàn shìqíng wǒmen kěyǐ kàn chū sīmǎqiān de liánjié, érqiě tā bùjǐn yán yú lùjǐ, hái yǐngxiǎngzhe tā shēnbiān de rén.

Shìwèn wèi guānnéng zuò dào xiàng sīmǎqiān zhèyàng de néng yǒu jǐ rén. Suǒyǐ zài hòulái zāoyù gōngxíng de shíhòu, sīmǎqiān yě ná bù chū qián lái shúzuì, jiùshì yīn wéi píngrì lǐ tài liánjiéle, gēnběn jiù méiyǒu shé me jīxù, jiùsuàn shì yǒu, yě yòng zài gōngzuò shàngle,guòzhe fēicháng púsù de shēnghuó.

## CASTRATION (遭受宫刑)

| 1 | 攻打 | Gōngdǎ | Attack; assault; assail |
|---|---|---|---|
| 2 | 匈奴 | Xiōngnú | Xiongnu, an ancient nationality in China |
| 3 | 说起 | Shuō qǐ | Bring up; begin talking about; as for; with regard to |
| 4 | 之所以 | Zhī suǒyǐ | The reason why |
| 5 | 遭遇 | Zāoyù | Meet with; encounter; run up against; experience |
| 6 | 宫刑 | Gōng xíng | Castration |
| 7 | 牵连 | Qiānlián | Involve; implicate; concern; tie up with |
| 8 | 直率 | Zhíshuài | Frank; candid; straightforward |
| 9 | 所致 | Suǒ zhì | Be caused by; be the result of |
| 10 | 当时 | Dāngshí | Then; at that time; just at that moment; right away; at once; immediately |
| 11 | 结果 | Jiéguǒ | Result; outcome; fruit; ending; bear fruit |
| 12 | 最后 | Zuìhòu | Last; final; ultimate |
| 13 | 差点 | Chàdiǎn | Not quite up to the mark; not good enough; slightly off |
| 14 | 全军覆没 | Quán jūn fùmò | The whole army was wiped out; completely annihilated |
| 15 | 只有 | Zhǐyǒu | Only; alone |
| 16 | 回来 | Huílái | Return; come back; be back; go back; back |
| 17 | 孙子 | Sūnzi | Grandson; Sun Zi, ancient Chinese |

| | | | |
|---|---|---|---|
| | | | military strategist of the Spring and Autumn Period |
| 18 | 临危受命 | Línwēishòumìng | Be entrusted with a mission at a critical and difficult moment |
| 19 | 人马 | Rénmǎ | Forces; troops |
| 20 | 继续 | Jìxù | Continue; go on; keep on; proceed |
| 21 | 奈何 | Nàihé | How; to no avail |
| 22 | 还是 | Háishì | Still; nevertheless; all the same |
| 23 | 敌人 | Dírén | Enemy; foe |
| 24 | 包围 | Bāowéi | Surround; beset; besiege; encircle |
| 25 | 不是 | Bùshì | Fault; blame |
| 26 | 怯弱 | Qièruò | Timid and weak-willed |
| 27 | 在战场上 | Zài zhànchǎng shàng | On field of battle |
| 28 | 勇敢 | Yǒnggǎn | Brave; courageous; valiant; gallant |
| 29 | 对抗 | Duìkàng | Antagonism; confrontation; antagonize; counter |
| 30 | 尽管如此 | Jǐnguǎn rúcǐ | Despite all this; even though; in spite of; for all that |
| 31 | 架不住 | Jiàbùzhù | Cannot sustain (weight); cannot stand (pressure); be no match for; cannot compete with |
| 32 | 敌军 | Díjūn | Enemy troops; the enemy; hostile forces |
| 33 | 攻击 | Gōngjí | Attack; assault; launch an offensive; accuse |
| 34 | 毕竟 | Bìjìng | After all; all in all; when all is said and done; in the final analysis |
| 35 | 地盘 | Dìpán | Domain; territory under one's control; sphere; foundation |
| 36 | 地形 | Dìxíng | Topography; landform; relief; lay of |

| | | | land |
|---|---|---|---|
| 37 | 熟悉 | Shúxī | Know something or somebody well; be familiar with; have an intimate knowledge of; at home |
| 38 | 兵力 | Bīnglì | Military strength; armed forces; troops; numerical strength |
| 39 | 一段时间 | Yīduàn shíjiān | A period of time |
| 40 | 无奈 | Wúnài | Cannot help but; have no alternative; have no choice |
| 41 | 之下 | Zhī xià | Under |
| 42 | 投降 | Tóuxiáng | Surrender; capitulate |
| 43 | 皇帝 | Huángdì | Emperor |
| 44 | 非常生气 | Fēicháng shēngqì | Be all on end |
| 45 | 紧接着 | Jǐn jiēzhe | Immediately/right after |
| 46 | 亲人 | Qīnrén | One's parents, spouse, children, etc.; one's family members; relative; kinsfolk |
| 47 | 全都 | Quándōu | All; completely; without exception |
| 48 | 关进 | Guān jìn | Shut; impound; shut-in |
| 49 | 召集 | Zhàojí | Call together; convene |
| 50 | 大臣 | Dàchén | Minister; secretary |
| 51 | 商量 | Shāngliáng | Consult; discuss; talk over |
| 52 | 反正 | Fǎnzhèng | Come over from the enemy's side; anyway; anyhow; all the same; in any case |
| 53 | 谴责 | Qiǎnzé | Condemn; blame; censure; denounce |
| 54 | 贪生怕死 | Tān shēngpà | Cravenly cling to life instead of braving death; afraid to risk one's |

| | | sǐ | life |
|---|---|---|---|
| 55 | 忘恩负义 | Wàng'ēn fùyì | Devoid of gratitude; be ungrateful and treacherous |
| 56 | 重重 | Chóng chóng | Layer upon layer; ring upon ring |
| 57 | 这时候 | Zhè shíhòu | This time; at this point; At that moment |
| 58 | 没想到 | Méi xiǎngdào | Have not expected or thought of |
| 59 | 震惊 | Zhènjīng | Shock; amaze; astonish; alarm |
| 60 | 悬殊 | Xuánshū | Great disparity; wide gap |
| 61 | 情有可原 | Qíng yǒu kě yuán | Consider ... as excusable; circumstances which lessen or palliate a fault or a crime; excusable; it is excusable |
| 62 | 他杀 | Tāshā | Homicide |
| 63 | 那么多 | Nàme duō | That many; that much |
| 64 | 将功补过 | Jiānggōng bǔguò | Make amends for previous faults by some good services; atone for one's past crimes |
| 65 | 陛下 | Bìxià | Your majesty; his majesty |
| 66 | 定夺 | Dìngduó | Make a final decision; decide |
| 67 | 勃然大怒 | Bórán dà nù | Fly into a rage; burn with anger; burst into anger; explode with anger |
| 68 | 公然 | Gōngrán | Openly; brazenly |
| 69 | 朝廷 | Cháotíng | Royal or imperial court |
| 70 | 竟然 | Jìngrán | Unexpectedly; to one's surprise; actually; go so far as to |
| 71 | 求情 | Qiúqíng | Plead; appeal to another's mercy; ask for a favor |

| 72 | 下令 | Xiàlìng | Give orders; order |
|---|---|---|---|
| 73 | 关起来 | Guān qǐlái | Shut; close; imprison |
| 74 | 在当时 | Zài dāngshí | At that time; in those days; at the time |
| 75 | 相抵 | Xiāngdǐ | Offset; balance; neutralize each other; counterbalance |
| 76 | 惩罚 | Chéngfá | Punish; penalize; punishment |
| 77 | 足以 | Zúyǐ | Enough; sufficient |
| 78 | 一个人 | Yīgè rén | One |
| 79 | 皮肉之伤 | Píròu zhī shāng | Flesh wound |
| 80 | 尊严 | Zūnyán | Dignity; honor |
| 81 | 自杀 | Zìshā | Commit suicide; take one's own life |
| 82 | 想起 | Xiǎngqǐ | Remember; recall; think of; call to mind |
| 83 | 父亲 | Fùqīn | Father |
| 84 | 遗嘱 | Yízhǔ | Testament; will; dying words |
| 85 | 告诉 | Gàosù | Tell; let know |
| 86 | 不能 | Bùnéng | Cannot; must not; should not; unable |
| 87 | 支撑 | Zhīchēng | Prop up; sustain; support; strut |
| 88 | 下去 | Xiàqù | Go down; descend; down |
| 89 | 动力 | Dònglì | Motive power; power; dynamic; motive force |

## Chinese (中文)

这件事情还要从攻打匈奴说起，司马迁之所以会遭遇宫刑，其实也是受人牵连，说话太过直率所致。

当时汉武帝派李广去攻打匈奴，结果最后差点全军覆没，输的一塌涂地，最后只有李广逃了回来。

李广的孙子李陵临危受命，带了一批人马继续攻打匈奴。但是奈何敌不寡众，最后还是被敌人包围了。

李陵也不是一个怯弱之人，在战场上他还是很勇敢的去对抗。但是尽管如此，也架不住敌军的攻击。

毕竟这是在匈奴的地盘里，他们对地形更熟悉，而且兵力也更多。所以坚持了一段时间后，最后还是被抓了。无奈之下，李陵投降了。

皇帝知道李林投降后，非常生气。紧接着就把李林的亲人全都关进了监狱里，并且召集大臣，商量如何处置李陵。

其他大臣都跟风，反正就是一个劲的谴责李陵，说他是个贪生怕死，忘恩负义之人，应该重重的处罚。这时候，汉武帝转过来问司马迁，问他的意见，没想到司马迁给出了一个让大家都震惊的回答。

司马迁说道，李陵以不到五千的兵力，去攻打他们几万的敌人，兵力实在是悬殊太大，就算是失败了也情有可原。哪怕李陵最后投降了，他杀了那么多敌人，也能将功补过了吧。而且李陵投降没准是有其他的打算呢，希望陛下不要过早定他的罪，还是把事情了解清楚再做定夺。

汉武帝听了，勃然大怒。认为司马迁公然反对朝廷，竟然为一个投降的人求情。于是下令也把司马迁关起来了，并且决定对他使用宫刑，作为惩罚。

在当时，如果被处宫刑，是可以用钱来相抵的，但是司马迁也拿不出那么多的钱来赎自己，最后不得不接受惩罚，否则连命都不保了。这宫刑，足以将一个人击垮，这不是皮肉之伤，而是一个人的尊严。

司马迁也曾想过自杀，但是想起他父亲的遗嘱，便又告诉自己还不能死，这便也是支撑他活下去的动力吧。

## Pinyin (拼音)

Zhè jiàn shìqíng hái yào cóng gōngdǎ xiōngnú shuō qǐ, sīmǎqiān zhī suǒyǐ huì zāoyù gōngxíng, qíshí yěshì shòu rén qiānlián, shuōhuà tàiguò zhíshuài suǒ zhì.

Dāngshí hàn wǔdì pài lǐ guǎng qù gōngdǎ xiōngnú, jiéguǒ zuìhòu chàdiǎn quán jūn fùmò, shū de yī tā tú dì, zuìhòu zhǐyǒu lǐ guǎng táole huílái.

Lǐ guǎng de sūnzi lǐlíng línwēishòumìng, dàile yī pī rénmǎ jìxù gōngdǎ xiōngnú. Dànshì nàihé dí bù guǎ zhòng, zuìhòu háishì bèi dírén bāowéile.

Lǐlíng yě bùshì yīgè qièruò zhī rén, zài zhànchǎng shàng tā háishì hěn yǒnggǎn de qù duìkàng. Dànshì jǐnguǎn rúcǐ, yě jiàbùzhù dí jūn de gōngjí.

Bìjìng zhè shì zài xiōngnú dì dìpán lǐ, tāmen duì dìxíng gèng shúxī, érqiě bīnglì yě gèng duō. Suǒyǐ jiānchíle yīduàn shíjiān hòu, zuìhòu háishì bèi zhuāle. Wúnài zhī xià, lǐlíng tóuxiángle.

Huángdì zhīdào lǐ lín tóuxiáng hòu, fēicháng shēngqì. Jǐn jiēzhe jiù bǎ lǐ lín de qīnrén quándōu guān jìnle jiānyù lǐ, bìngqiě zhàojí dàchén, shāngliáng rúhé chǔzhì lǐlíng.

Qítā dàchén dōu gēnfēng, fǎnzhèng jiùshì yī ge jìn de qiǎnzé lǐlíng, shuō tā shìgè tān shēngpà sǐ, wàng'ēnfùyì zhī rén, yīnggāi chóngchóng de chǔfá. Zhè shíhòu, hàn wǔdì zhuǎn guòlái wèn sīmǎqiān, wèn tā de yìjiàn, méi xiǎngdào sīmǎqiān gěi chūle yīgè ràng dàjiā dōu zhènjīng de huídá.

Sīmǎqiān shuōdao, lǐlíng yǐ bù dào wǔqiān de bīnglì, qù gōngdǎ tāmen jǐ wàn de dírén, bīnglì shízài shì xuánshū tài dà, jiùsuàn shì shībàile yě qíng yǒu kě yuán. Nǎpà lǐlíng zuìhòu tóuxiángle, tāshāle nàme duō dírén, yě néng jiānggōngbǔguòle ba. Érqiě lǐlíng tóuxiáng méizhǔn shì yǒu qítā de dǎsuàn ne, xīwàng bìxià bùyàoguò zǎo dìng tā de zuì, háishì bǎ shìqíng liǎojiě qīngchǔ zài zuò dìngduó.

Hàn wǔdì tīngle, bórán dà nù. Rènwéi sīmǎqiān gōngrán fǎnduì cháotíng, jìngrán wéi yīgè tóuxiáng de rén qiúqíng. Yúshì xiàlìng yě bǎ sīmǎqiān guān qǐláile, bìngqiě juédìng duì tā shǐyòng gōngxíng, zuòwéi chéngfá.

Zài dāngshí, rúguǒ bèi chǔ gōngxíng, shì kěyǐ yòng qián lái xiāngdǐ de, dànshì sīmǎqiān yě ná bù chū nàme duō de qián lái shú zìjǐ, zuìhòu bùdé bù jiēshòu chéngfá, fǒuzé lián mìng dōu bù bǎole. Zhè gōngxíng, zúyǐ jiāng yīgè rén jī kuǎ, zhè bùshì píròu zhī shāng, ér shì yīgè rén de zūnyán.

Sīmǎqiān yě céng xiǎngguò zìshā, dànshì xiǎngqǐ tā fùqīn de yízhǔ, biàn yòu gàosù zìjǐ hái bùnéng sǐ, zhè biàn yěshì zhīchēng tā huó xiàqù de dònglì ba.

## SWALLOW HUMILIATION (忍辱负重)

| 1 | 永远不会 | Yǒngyuǎn bù huì | Never; when hell freezes over; will never |
|---|---|---|---|
| 2 | 忘记 | Wàngjì | Forget; slip from one's memory |
| 3 | 父亲 | Fùqīn | Father |
| 4 | 临终 | Línzhōng | Approaching one's end; on one's deathbed |
| 5 | 嘱托 | Zhǔtuō | Entrust |
| 6 | 史官 | Shǐguān | Official historian; historiographer |
| 7 | 通史 | Tōngshǐ | Comprehensive history; general history |
| 8 | 打算 | Dǎsuàn | Intend; plan; think; mean |
| 9 | 迄今为止 | Qìjīn wéizhǐ | To this day; thus far; so far |
| 10 | 更加 | Gèngjiā | To a higher degree; still further; still more |
| 11 | 详细 | Xiángxì | Detailed; minute; circumstantial; explicit |
| 12 | 记录 | Jìlù | Take notes; keep the minutes; record; write down |
| 13 | 下来 | Xiàlái | Come down; come from a higher place |
| 14 | 走访 | Zǒufǎng | Interview; have an interview with |
| 15 | 史料 | Shǐliào | Historical data; historical materials |
| 16 | 奈何 | Nàihé | How; to no avail |
| 17 | 年老 | Nián lǎo | Aged |

| 18 | 体弱多病 | Tǐruò duōbìng | Valetudinarianism |
|---|---|---|---|
| 19 | 艰巨 | Jiānjù | Arduous; formidable; onerous |
| 20 | 恐怕 | Kǒngpà | Afraid; fear |
| 21 | 不了 | Bùliǎo | Without end |
| 22 | 寄予 | Jìyǔ | Place on |
| 23 | 很遗憾 | Hěn yíhàn | Unfortunately; I'm sorry to hear that; I'm sorry. |
| 24 | 像样 | Xiàng yàng | Up to the mark; presentable; decent; sound |
| 25 | 史书 | Shǐshū | History; historical records |
| 26 | 春秋战国 | Chūnqiū zhànguó | Spring and Autumn Period |
| 27 | 战火 | Zhànhuǒ | Flames of war |
| 28 | 光顾 | Guānggù | Patronize; honor with |
| 29 | 断断续续 | Duànduàn xùxù | Continue from time to time; intermittently |
| 30 | 有一些 | Yǒu yīxiē | Some; rather |
| 31 | 空白 | Kòngbái | Blank space; gap; margin |
| 32 | 填补 | Tiánbǔ | Spot priming; fill |
| 33 | 如今 | Rújīn | Nowadays; these days; at present; now |
| 34 | 心有余而力不足 | Xīn yǒuyú ér lì bùzú | The spirit is willing, but the flesh is weak; willing but unable |
| 35 | 心愿 | Xīnyuàn | Cherished desire; aspiration; wish; one's heart's desire |
| 36 | 永远 | Yǒngyuǎn | Always; forever; ever; in perpetuity |
| 37 | 眼睛 | Yǎnjīng | Eye |
| 38 | 什么也 | Shénme yě | Whatever |

| 39 | 完成 | Wánchéng | Accomplish; complete; fulfil; finish |
| 40 | 在监狱中 | Zài jiānyù zhōng | In prison; in the nick |
| 41 | 忍辱负重 | Rěnrǔ fùzhòng | Swallow humiliation and bear a heavy load; bear responsibility and blame; |
| 42 | 终于 | Zhōngyú | At last; in the end; finally; eventually |
| 43 | 完成了 | Wánchéngle | Done; finished; completed |
| 44 | 史记 | Shǐjì | Historical Records, by Sima Qian |

## Chinese (中文)

司马迁永远不会忘记，父亲临终前嘱托他的事。

作为一名史官，司马迁的父亲早就有写一部通史的打算，将迄今为止的历史更加详细更加系统的记录下来。

为此，司马迁的父亲也做出了很多的努力，走访了很多地方，也记录了很多史料，但是奈何自己年老后又体弱多病，这是一项很艰巨的任务，恐怕他这一生也完成不了，只有将希望寄予司马迁了。

临终前，司马迁的父亲对司马迁说道："我们家已经好几代都是史官了，包括我，还有我的父亲。但是很遗憾的是，我们都没有写出一部像样的史书。春秋战国时期以来，战火不断，人光顾着保命，关于历史的记载，也是断断续续的，有一些甚至就是没有记录。这个空白就要靠我们史官来填补。如今我是心有余而力不足，你一定要完成为父的心愿啊。"说完，便永远的闭上了眼睛。

这是他父亲最大的心愿，司马迁说什么也要替他父亲完成。所以在监狱中，司马迁忍辱负重，最后终于完成了父亲的心愿，写下了《史记》。

## Pinyin (拼音)

Sīmǎqiān yǒngyuǎn bù huì wàngjì, fùqīn línzhōng qián zhǔtuō tā de shì.

Zuòwéi yī míng shǐguān, sīmǎqiān de fùqīn zǎo jiù yǒu xiě yī bù tōngshǐ de dǎsuàn, jiāng qìjīn wéizhǐ de lìshǐ gèngjiā xiángxì gèngjiā xìtǒng de jìlù xiàlái.

Wèi cǐ, sīmǎqiān de fùqīn yě zuò chūle hěnduō de nǔlì, zǒufǎngle hěnduō dìfāng, yě jìlùle hěnduō shǐliào, dànshì nàihé zìjǐ nián lǎo hòu yòu tǐruòduōbìng, zhè shì yī xiàng hěn jiānjù de rènwù, kǒngpà tā zhè yīshēng yě wánchéng bùliǎo, zhǐyǒu jiàng xīwàng jìyǔ sīmǎqiānle.

Línzhōng qián, sīmǎqiān de fùqīn duì sīmǎqiān shuōdao:"Wǒmen jiā yǐjīng hǎojǐ dài dōu shì shǐguānle, bāokuò wǒ, hái yǒu wǒ de fùqīn. Dànshì hěn yíhàn de shì, wǒmen dōu méiyǒu xiě chū yī bù xiàngyàng de shǐshū. Chūnqiū zhànguó shíqí yǐlái, zhànhuǒ bùduàn, rén guānggùzhe bǎomìng, guānyú lìshǐ de jìzǎi, yěshì duànduànxùxù de, yǒu yīxiē shènzhì jiùshì méiyǒu jìlù. Zhège kòngbái jiù yào kào wǒmen shǐguān lái tiánbǔ. Rújīn wǒ shì xīn yǒuyú ér lì bùzú, nǐ yīdìng yào wánchéng wéi fù de xīnyuàn a." Shuō wán, biàn yǒngyuǎn de bì shàngle yǎnjīng.

Zhè shì tā fùqīn zuìdà de xīnyuàn, sīmǎqiān shuō shénme yě yào tì tā fùqīn wánchéng. Suǒyǐ zài jiānyù zhōng, sīmǎqiān rěnrǔfùzhòng, zuìhòu zhōngyú wánchéngle fùqīn de xīnyuàn, xiě xiàle "shǐjì".

# ABOUT HISTORICAL RECORDS (有关《史记》)

| 1 | 上面 | Shàngmiàn | Above; over; on top of; on the surface of |
|---|---|---|---|
| 2 | 故事 | Gùshì | Story; tale; plot; old practice; routine |
| 3 | 看出 | Kàn chū | Make out; perceive; find out |
| 4 | 史记 | Shǐjì | Historical Records, by Sima Qian |
| 5 | 花费 | Huāfèi | Spend; expend; cost; money spent; expenditure; expenses |
| 6 | 心血 | Xīnxuè | Painstaking care; painstaking effort; the heart blood |
| 7 | 下面 | Xiàmiàn | Below; under; underneath |
| 8 | 再来 | Zàilái | Come again; encore; request a repetition |
| 9 | 准确 | Zhǔnquè | Accurate; exact; precise |
| 10 | 撰写 | Zhuànxiě | Write |
| 11 | 父亲 | Fùqīn | Father |
| 12 | 司马 | Sīmǎ | A surname |
| 13 | 在世 | Zàishì | Be living; above ground |
| 14 | 奈何 | Nàihé | How; to no avail |
| 15 | 去世 | Qùshì | Die; pass away |
| 16 | 于是 | Yúshì | Thereupon; hence; consequently; as a result |
| 17 | 重任 | Zhòngrèn | Important task; heavy responsibility; important mission |
| 18 | 传承 | Chuánchéng | Impart and inherit |
| 19 | 但是 | Dànshì | But; however; yet; still |
| 20 | 过程 | Guòchéng | Process; procedure |

| 21 | 十分 | Shífēn | Very; fully; utterly; extremely |
|---|---|---|---|
| 22 | 曲折 | Qūzhé | Circuitous; intricate; ups and downs; tortuous |
| 23 | 出狱 | Chū yù | Be discharged from prison; be released from prison |
| 24 | 将近 | Jiāngjìn | Be close to; almost; nearby |
| 25 | 完成了 | Wán chéngle | Done; finished; completed |
| 26 | 巨著 | Jùzhù | Monumental work; great work |
| 27 | 总的来说 | Zǒng de lái shuō | In a word; on the whole; all in all; by and large |
| 28 | 讲述 | Jiǎngshù | Tell about; give an account of |
| 29 | 黄帝 | Huángdì | Yellow Emperor, a legendary ruler |
| 30 | 期间 | Qíjiān | Time; period; course; duration |
| 31 | 多年 | Duōnián | Many years |
| 32 | 全文 | Quánwén | Full text |
| 33 | 当中 | Dāngzhōng | In the middle |
| 34 | 工作量 | Gōngzuò liàng | Workload; amount of work |
| 35 | 本纪 | Běnjì | Biographic sketches of emperors |
| 36 | 世家 | Shìjiā | Aristocratic family; a family holding high official positions for generations |
| 37 | 列传 | Lièzhuàn | Collected biographies |
| 38 | 其中 | Qízhōng | Among; in; inside |
| 39 | 描写 | Miáoxiě | Describe; depict; portray |
| 40 | 帝王 | Dìwáng | Emperor; monarch |
| 41 | 诸侯 | Zhūhóu | Dukes or princes under an emperor; the feudal princes |
| 42 | 有名 | Yǒumíng | Well-known; famous; celebrated |
| 43 | 人物 | Rénwù | Figure; personage; person in |

| | | | literature |
|---|---|---|---|
| 44 | 表格 | Biǎogé | Table; list; chart; form |
| 45 | 描述 | Miáoshù | Describe; represent |
| 46 | 大事件 | Dà shìjiàn | Breaking news |
| 47 | 内容 | Nèiróng | Content; substance |
| 48 | 总而言之 | Zǒng'ér yánzhī | To make a long story short; all in all; generally speaking |
| 49 | 涵盖 | Hángài | Contain completely; contain |
| 50 | 背后 | Bèihòu | Behind; at the back; in the rear |
| 51 | 小故事 | Xiǎo gùshì | A short story |
| 52 | 编撰 | Biānzhuàn | Compile; write |
| 53 | 史书 | Shǐshū | History; historical records |
| 54 | 有时候 | Yǒu shíhòu | There are times when |
| 55 | 自己的 | Zìjǐ de | Self |
| 56 | 下令 | Xiàlìng | Give orders; order |
| 57 | 销毁 | Xiāohuǐ | Destroy by melting or burning |
| 58 | 担心 | Dānxīn | Worry; feel anxious |
| 59 | 藏起来 | Cáng qǐlái | Conceal; hide |
| 60 | 等到 | Děngdào | By the time; when |
| 61 | 局面 | Júmiàn | Aspect; phase; situation |
| 62 | 稍微 | Shāowéi | A little; a bit; slightly; a trifle |
| 63 | 公之于世 | Gōng zhī yú shì | Make known to the world; reveal to the public |

**Chinese (中文)**

从上面的故事我们可以看出，司马迁写下这部《史记》，是花费了很多的心血的。下面我们再来讲一讲关于这本书的故事。

准确来说，《史记》并不只是司马迁撰写的，司马迁的父亲司马谈在世的时候就已经开始写了，奈何最后还没写完便已经去世了，于是这个重任交到了司马迁的手里，一代传承一代。

但是这个过程也是十分曲折的，司马迁出狱后，也用了将近十年的时间才完成了《史记》这部巨著。

总的来说，《史记》讲述了从黄帝开始，至汉武帝这期间的三千多年的历史，全文有五十多万字。从这几个数字当中，我们就可以看出这工作量有多大了。

整本书分为本纪，表，书，世家，列传五类。其中，本纪主要描写的是帝王的故事，世家描写的是一些诸侯的故事，而列传主要讲的就是一些比较有名的人物的故事。表指的是用表格来描述一些大事件，书指的是一些礼乐制度，社会风俗，地理条件等方面的内容。总而言之，这本书涵盖了很多知识。

其实关于这本《史记》，背后还有一个小故事。早在《史记》之前，司马迁就有编撰一些史书。汉武帝有时候看到了，觉得其中的描述有损自己的形象，便下令销毁。

司马迁担心《史记》一出，会被人销毁破坏。于是命人先把这本书藏起来，等到局面稍微好一点的时候，在公之于世，这才有了我们现在的《史记》。

## Pinyin (拼音)

Cóng shàngmiàn de gùshì wǒmen kěyǐ kàn chū, sīmǎqiān xiě xià zhè bù "shǐjì", shì huāfèile hěnduō de xīnxuè de. Xiàmiàn wǒmen zàilái jiǎng yī jiǎng guānyú zhè běn shū de gùshì.

Zhǔnquè lái shuō, "shǐjì" bìng bù zhǐshì sīmǎqiān zhuànxiě de, sīmǎqiān de fùqīn sīmǎ tán zàishì de shíhòu jiù yǐjīng kāishǐ xiěle, nàihé zuìhòu hái méi xiě wán biàn yǐjīng qùshìle, yúshì zhège zhòngrèn jiāo dàole sīmǎqiān de shǒu lǐ, yīdài chuánchéng yīdài.

Dànshì zhège guòchéng yěshì shífēn qūzhé de, sīmǎqiān chū yù hòu, yě yòngle jiāngjìn shí nián de shíjiān cái wánchéngle "shǐjì" zhè bù jùzhù.

Zǒng de lái shuō, "shǐjì" jiǎngshùle cóng huángdì kāishǐ, zhì hàn wǔdì zhè qíjiān de sānqiān duō nián de lìshǐ, quánwén yǒu wǔshí duō wànzì. Cóng zhè jǐ gè shùzì dāngzhōng, wǒmen jiù kěyǐ kàn chū zhè gōngzuò liàng yǒu duōdàle.

Zhěng běn shū fēn wéi běnjì, biǎo, shū, shìjiā, lièzhuàn wǔ lèi. Qízhōng, běnjì zhǔyào miáoxiě de shì dìwáng de gùshì, shìjiā miáoxiě de shì yīxiē zhūhóu de gùshì, ér lièzhuàn zhǔyào jiǎng de jiùshì yīxiē bǐjiào yǒumíng de rénwù de gùshì. Biǎo zhǐ de shì yòng biǎogé lái miáoshù yīxiē dà shìjiàn, shū zhǐ de shì yīxiē lǐ yuè zhìdù, shèhuì fēngsú, dìlǐ tiáojiàn děng fāngmiàn de nèiróng. Zǒng'éryánzhī, zhè běn shū hángàile hěnduō zhīshì.

Qíshí guānyú zhè běn "shǐjì", bèihòu hái yǒu yīgè xiǎo gùshì. Zǎo zài "shǐjì" zhīqián, sīmǎqiān jiù yǒu biānzhuàn yīxiē shǐshū. Hàn wǔdì yǒu shíhòu kàn dàole, juédé qízhōng de miáoshù yǒu sǔn zìjǐ de xíngxiàng, biàn xiàlìng xiāohuǐ.

Sīmǎqiān dānxīn "shǐjì" yī chū, huì bèi rén xiāohuǐ pòhuài. Yúshì mìng rén xiān bǎ zhè běn shū cáng qǐlái, děngdào júmiàn shāowéi hǎo yīdiǎn de shíhòu, zài gōng zhī yú shì, zhè cái yǒule wǒmen xiànzài de "shǐjì".

www.QuoraChinese.com